Hans Mühlethaler

Pariser Innenhof
Späte Gedichte II

AF222351

Das Buch
ist die Fortsetzung von „Sternzeichen Krebs" und enthält die in den Jahren 2008-10 entstandenen Gedichte.

Der Autor
Hans Mühlethaler, geboren 1930 in Zollbrück, Emmental. Ausbildung zum Lehrer, 17 Jahre Schuldienst, dann als freier Schriftsteller und Sekretär der Schriftstellervereinigung „Gruppe Olten" tätig. Verheiratet, fünf erwachsene Söhne und Töchter, Enkelkinder. Wohnt in Paris.

Veröffentlichungen
*An der Grenze* Theaterstück, Uraufführung Schauspielhaus Zürich (1963), *zutreffendes ankreuzen* Gedichte, Kandelaber Bern (1967), *Außer Amseln...* Prosa, Anabas Gießen (1969), *Die Fowlersche Lösung* Roman, Zytglogge Bern (1978), *Die Gruppe Olten* Sachbuch, Sauerländer Aarau (1989), *Abschied von Burgund* Roman, Zytglogge Bern (1991), *Der leere Sockel* Roman, Books on Demand (2000), *Das Bewusstsein – Ursache und Überwindung der Todesangst* Sachbuch, Books on Demand (2006), *An der Grenze* Theaterstück, Neufassung, Books on Demand (2007), *Frühe Gedichte und Prosatexte,* Books on Demand (2008), *Sternzeichen Krebs – Späte Gedichte I,* Books on Demand (2009), *Evolution und Sterblichkeit,* Books on Demand (2010)

Hans Mühlethaler

# Pariser Innenhof

## Späte Gedichte II

Bibliografische Information der Deutschen Bibliothek:

Die Deutsche Bibliothek verzeichnet diese Publikation in der Deutschen Nationalbibliografie
detaillierte bibliografische Daten sind im Internet über
http://dnb.d-nb.de abrufbar.

Umschlagillustration: Martin Müller-Reinhart
© 2011 Hans Mühlethaler
Herstellung und Verlag:
Books on Demand GmbH, Norderstedt
ISBN  978-3-8391−3609−6

# Inhalt

pariser innenhof

im hof
den ich bei meiner
täglichen arbeit
vor augen habe
sehe ich die tauben
rosinen picken
aus einem verschimmelten kuchen
und die mauersegler
sich kreuzen
mit den kondensstreifen
verirrter verkehrsflugzeuge

oben der himmel
und unten der müll

harter schädel

auf meinem täglichen
gang durch die stadt
fiel mir heute
ein blumentopf
auf den kopf

der topf
hatte pech
er war zerschlagen
der kopf
hatte glück
er war noch ganz

sans voyageurs

ich wartete lange
auf den bus
als er endlich kam
stand an der front
geschrieben

sans voyageurs

drinnen saßen
wie üblich die passagiere
einige stiegen aus
andere ein

da die anschrift
mit dem inhalt
nicht übereinstimmte
verzichtete ich aufs
einsteigen

père lachaise

heute ging ich
auf den père lachaise
um mir ein hübsches
grabhäuschen
zu kaufen

aber der verwalter
zeigte mir
die lange warteliste
und sagte mir
im moment
sei alles besetzt
ich solle mich
wieder melden
wenn ich
gestorben sei

bus nach agadir

ein duft von afrika
geht durch unsere straße
die zebras eilen
über den fußgängerstreifen
die giraffen
recken den hals nach den
blättern der akazien
das krokodil zankt mit den
tauben um eine
verschmutzte baguette
hinter der litfaßsäule
lauert eine löwin
auf frisches fleisch
für ihre jungen

ich stehe am
rand des trottoirs
und warte ungeduldig
auf den bus nach
agadir

die feinwäsche

heute beim sonnenschein
postierte sich die feinwäsche
vor ihrer boutique
fingerte an ihrem
handy
amüsierte sich
über die anrufe
ihrer verehrer
sagte jedem
der im vorbeigehen
ihre nackte schulter
berühren wollte

non

square de clignancourt

die leere flasche
am boden
wasser wäre
gefragt
ein ball eine taube
fliegt mir an den
kopf
der wind
wirbelt staub auf

in meinen ohren
das donnergrollen
nahender gewitter

sonn- und schattseite

im sommer
gehe ich durch die
schattigen straßen
der stadt
im winter
durch die sonnigen

so ist der
wärmehaushalt
meines körpers
das ganze jahr
im gleichgewicht

der irrtum

der mann stand auf der straße
mit einem becher
in der hand

ich dachte
ein bettler
und wollte ein
geldstück hineinwerfen

da merkte ich
dass keine münze drin war
nur kalter kaffee

der rote fleck

durchs fenster
meiner kneipe
sah ich einen mann
über die straße gehen

er blutete
er hatte einen roten fleck
auf dem rücken

ich glaubte
er sei verletzt
bis ich merkte

der rote fleck
klebte nicht
am rücken
er klebte
an der
fensterscheibe

zeitunterschied

als ich gestern in den
square de clignancourt kam
war die bank
auf der ich sonst immer saß
schon durch einen anderen besetzt

kurz entschlossen
setzte ich mich daneben
und betrachtete den mann
von der seite

er schien mir nicht ganz
unbekannt zu sein
deshalb fragte ich ihn
woher er komme

er kam von bern
so wie ich
er hatte dasselbe geburtsdatum
wie ich
er war mit derselben frau verheiratet
wie ich

ich blickte auf die uhr
an seinem arm
sie zeigte eine andere zeit
als die meinige
da merkte ich
dies war der einzige unterschied
zwischen uns beiden

der blick

warum ich ihn
so scharf anschaute
als er an mir vorbeiging
weiß ich nicht

ich weiß nur
dass er sich plötzlich
nach mir umwandte
und mir ein messer
in den rücken stieß

und dass er später
vor gericht aussagte
er habe sich durch meinen blick
gestört gefühlt

die fetten tauben

die tauben
sind fett geworden
in unserer stadt
sie fressen
zu viele leckerbissen
bald werden sie nicht mehr
fliegen können
dann werden wir sie
in rollstühlen
durch die straβen der stadt
schieben

dadaismus

als ich letzthin
nach langer abwesenheit
in meine wohnung
zurückkehrte
liefen zwei ameisen
wie verrückt
auf dem parkett meines
zimmers umher

ich fragte sie
was sie da
zu suchen hätten
aber sie schrien nur immer

er ist nicht da
er ist nicht da

empört darüber
dass sie von mir
keine notiz
nehmen wollten
zertrat ich sie

da merkte ich
dass ich erst jetzt
richtig da war

place du calvaire

im restaurant contrebasse
saß eine bassgeige
und füllte ihren bauch
mit tiefen noten

als sie sich
satt gegessen hatte
gab sie ein konzert
oben auf der
place du calvaire
und spuckte alles
wieder heraus

sacré coeur

ich wollte beten gehen
in die basilique du sacré coeur
auf dem montmartre hügel
aber der türhüter
fragte mich
ob ich zum christlichen gott
beten wolle
oder zu einem anderen

ich sagte
zu einem anderen

da verwehrte er mir
den zutritt

opéra garnier

ich wartete lange
vor dem portal der
opéra garnier
und hoffte
auf ein paar
hübsche beine

doch es kamen nur perücken
herzschrittmacher und
zahnprothesen heraus
zum schluss ein
rollstuhl mit einer
querschnittgelähmten frau
sie lud mich ein zu einem
tête à tête
im jardin du luxembourg

ich nickte freundlich
nahm meine krücken und
humpelte davon

jardin du luxembourg

als ich gestern
im jardin du luxembourg
spazieren ging
stellte ich fest
dass alle menschen
dasselbe buch lasen

bei näherem zusehen
merkte ich
sie lasen
ein buch von mir
sie lasen meinen
letzten roman

fluchtartig verließ ich
den park
aus angst
sie könnten
mich fragen
was ich damit
gemeint hätte

parc de bercy

der reiher liess sich
einen park bauen
mitten in der stadt

als er davon
besitz nehmen wollte
war er erstaunt
über die vielen
seltsamen gestalten
im park
ebenso zweibeinig
wie er

er betrachtete sie lange
von seiner baumkrone herab
aber er wurde
aus ihrem benehmen
nicht klug

reisefieber

als der nordpol eines tages
vom reisefieber
gepackt wurde
machte er sich auf den weg
zum südpol

unterwegs traf er den
wendekreis des krebses
dann den äquator
dann den wendekreis des
steinbocks

beim südpol angekommen
sagte er
dass er nicht gewusst habe
wieviele interessante dinge
es auf dieser welt
zu sehen gebe

unwahre geschichte

gestern in der nacht
schlief ein clochard
in unserem treppenhaus

ich nahm ihn herein
in meine wohnung
teilte mit ihm den wein
teilte mit ihm das bett
und gab ihm eine vollmacht
über mein bankkonto

der weltverbesserer

er hatte sich entschlossen
das elend der welt
auf seine schultern
zu laden

ich sagte zu ihm
wenn ich das elend
der welt wäre
würde ich mich
von dir nicht
auf die schultern
laden lassen

die verwirrung

frau strumpf ging zusammen
mit herrn glatz
in den wald

fragte frau strumpf
herrn glatz
könntest du mir meinen
strumpf beglatzen

fragte herr glatz
frau strumpf
könntest du mir meine
glatze bestrumpfen

herr glatz verstand nicht
was frau strumpf gemeint hatte
und frau strumpf nicht
was herr glatz gemeint hatte

darauf gingen sie beide
verwirrt
auseinander

der perfektionist

als er vom
gipfel des matterhorns
herabschaute
lag ihm
die welt zu füßen

aber der ärger
dass er
seinen fotoapparat
zu hause
vergessen hatte
verdarb ihm
das vergnügen

christliche laufbahn

als der mann gestorben war
kam er vor ein
himmlisches gericht
auszusagen was er in seinem leben
böses getan

er gestand dass er manchmal
unkeusche gedanken gehabt
sich zu paaren gewünscht
mit einem nilpferd

aufgrund dessen
er ins fegfeuer kam
entsetzliche qualen litt

bis am jüngsten tag
er auferstehen durfte
den gott zu schauen
in seiner schönheit
der ihm die unkeuschen gedanken
eingeflößt hatte

der besuch

heute bei offenem fenster
hat mich eine fliege besucht
sie steichelte mir den bart
sie wollte sich auf meine
lippen setzen
sie hatte sich in meine
augen verliebt
sie summte mir eine
melodie ins ohr

erst als ich sie
um die taille fassen wollte
ließ sie ab von mir
und flog zum fenster hinaus

ich schaute ihr verdutzt nach

der beleidigte liebhaber

die ganze nacht
hatte die maus
am holz geraspelt
am morgen
war das loch in der decke
perfekt
die maus guckte
in mein zimmer herab
und sagte zu mir

guten tag

da nahm ich sie am arm
und führte sie spazieren

als wir um die nächste
ecke bogen
war sie plötzlich verschwunden
sie hatte in der ferne
einen kater entdeckt
ich war beleidigt
dass sie mir nicht
zugetraut hatte
ich könnte sie vor dem
harmlosen biest
beschützen

symbiose

die nackheit und die
scham
trafen sich auf der straße

die nacktheit sagte
zur scham

ich möchte deine scham
benackten

die scham sagte
zur nacktheit

ich möchte deine nacktheit
beschämen

da legten sie sich beide
auf die tramschienen
und taten
was sie sich
versprochen hatten

unerwünschte begegnung

als ich letzthin
mit der metro fuhr
kam eine nackte
frau herein

sie setzte sich
mir gegenüber

ich fühlte mich
geniert
sah ihre
prallen brüste
die vollen schenkel
die schimmernde haut
und dachte

wäre ich doch
zu hause geblieben

der verzicht

die stimme im telefon
wollte ihm eine frau
vermitteln

die frau war nicht teuer
fünf euro die minute

aber sie hatte ihr lächeln
schon an hunderttausend
andere männer
verkauft

da verzichtete er

carte de fidélité

die frau an der kasse
fragte ihn
ob er seine carte de fidélité
bei sich habe

da errötete er
und erklärte ihr stotternd
dass ihm aus bestimmten
gründen
nie eine solche
ausgestellt worden sei

faust

in der metro
saß mir heute
der alternde faust gegenüber
mit seinem gretchen

das blonde haar
züchtig zum zopf geflochten
die augen blau
die füße nackt
das kleid fast zu kurz
für ein frommes ding

daneben der faust
mit geschlossenen augen
müde geworden
von so viel liebe

femme fatale

in meiner kneipe
traf ich heute
die femme fatale

sie setzte sich
auf meinen schoß
trank aus meinem glas
griff nach meinem
geldbeutel

im weggehen
drehte sie sich kurz
nach mir um
und lächelte mir zu
ein lächeln das sich mir
tief eingrub
ins verzeichnis der gefährdeten
tier- und pflanzenarten

grenzen

sie sagte zu ihm
erlaubt ist der kopf
und das haar auf dem kopf
erlaubt ist die hand
und die finger
an der hand
erlaubt ist das bein
aber nur bis zum knie
erlaubt ist der rücken
aber nur bis zum po

dann machte er es so
wie er dachte
dass sie es sich
gewünscht hatte

die enttäuschung

neulich
auf einem
zebrastreifen
hörte ich dicht
an meinem ohr
eine frauenstimme
flüstern

je t'embrasse

ich war entzückt
denn ich dachte
sie habe mich gemeint
aber dann merkte ich
dass sie diese worte
nur in ihr handy
geflüstert hatte

sommerzeit

im fenster vis-à-vis
siehst du  die
nackten leiber der
nachbarn
eine mücke schwirrt dir
um die ohren
will sich festsetzen
auf deiner nase
ein gedanke
will sich einnisten
in deiner achselhöhle

nimm es nicht zu streng
heute darfst du
den brautschleier
zu hause lassen
dein bein betrachten
von der zehe bis zum knie
und weiter hinauf
bis dort
wo es mündet

es mündet
im ungewissen

das krokodil

in der metro
saß ich zwei jungen leuten
gegenüber
eine weile schmusten sie
ungeniert vor meinen augen
plötzlich hielten sie inne
die frau schaute mich
verlegen an

ich sagte zu ihr
ein hübscher mann
ihr freund

sie sagte
er ist nicht mein freund
er ist mein
krokodil

in diesem moment
sah ich
dass sie recht hatte

liebesgedicht

zeig mir deine
hübschen hände
damit ich sie ergreifen
und zudecken kann
mit meinem alter

die perlenkette

die jahre
reihen sich aneinander
wie die perlen
einer kette
wenn der faden reißt
fallen sie zu boden
unauffindbar

stimmungsbericht

der sonnenuntergang im
computerdesign
das schulterblatt der
mona lisa
blickt sie nach links
oder nach rechts
die sonnenblumenkerne
erloschen
ungeduldig wie die
schlittenhunde
warten wir
auf den kommenden
winter

le touquet

das meer aus dem du
geboren bist
die sonne die dir
das knie erwärmt
der wind der dir
das gesicht zerfurcht
der sand der dir
zwischen den fingern
zerrinnt

selbsterkenntnis

ich fragte ihn
was an seiner person
das besondere sei

er antwortete
das besondere
an meiner person
besteht darin
dass ich es nicht
geschafft habe
etwas besonderes
zu sein

husten

mit sechzig jahren
bekam er einen
starken husten
den er nie ganz
wegbrachte
aber

indem er noch
dreißig jahre lang
hustete
wurde er alt

rückblick

du fingst mit null an
und hast es auf
achtundsiebzig gebracht
als jung warst du mutlos
und bist mit deiner mutlosigkeit
alt geworden
in deinem kopf
sammelt sich der gerümpel
einer entschwundenen generation

du lebst auf abruf
wenn du über den
teppich stolperst
wirst du fallen und

unauffindbar sein

gebet am geburtstag

ich danke meinen eltern
dass sie mich
gezeugt haben

auch wenn es
unabsichtlich
geschehen sein sollte

frühlingsanfang

pünktlich zum frühlingsanfang
begrüsste mich heute
durch das fenster
der erste sonnenstrahl
er wärmte meine hände
spielte mit meinen fingern
machte es sich
auf meinem schreibtisch bequem
erinnerte mich daran
dass ich den winter
wieder einmal
mit einigem glück
überstanden hatte
und flüsterte mir ins ohr
dass er meinem körper
noch ein zusätzliches jahr
gewähren werde

dichterlesung

letzthin an einer lesung
schrie einer
bevor ich überhaupt
den mund geöffnet hatte

lauter

worauf ich ihm erklärte
dass ich ein mensch sei
der weder laut noch leise
sprechen könne
dass ich nichts
mitzuteilen hätte
dass ich gekommen sei
damit er mich betrachten könne
wie eine sterbende
palme

uraufführung

das ende der vorstellung
kam überraschend
der schauspieler
schnappte nach luft
er starb nicht
auf der bühne
wie es die regieanweisung
verlangt hatte
sondern dahinter

modernes martyrium

der atheist
zog durch ein fernes land
als er sich plötzlich
von einer bande
terroristen
umringt sah

bist du ein christ
fragte ihn der
anführer

zu tode erschrocken
stammelte er
ja

da tötete er ihn
mit einem schuss
ins genick

so wurde
der atheist
zum märtyrer
für einen glauben
den er längst
verloren hatte

das verlorene bein

als der einbeinige mann
zur himmelspforte kam
empfing ihn petrus
mit gerunzelter stirm
und sagte

du kannst nur
in den himmel kommen
wenn du ganz bist

da musste er
auf die erde zurückkehren
ein zweites bein
zu suchen

aber er fand keines
das zu seinem ersten
gepasst hätte

verpasste gelegenheit

ich durfte einmal
in einem berühmten orchester
die erste geige spielen

der dirigent
war schon da
und hob den taktstock

da merkte ich
dass ich meine geige
vergessen hatte

ich schlich mich weg
von meinem platz
und ging sie suchen

das orchester
jedoch
spielte ohne mich

die schweizer literatur

neulich kehrte ich
in die schweiz zurück
um mich bei der
schweizer literatur
zu erkundigen
weshalb sie mich
vergessen habe

ich traf sie zwischen
tür und angel
sie kam gerade
von einer redaktionssitzung
und ging gerade
zu einer gedächtnisfeier
für hinz und kunz

das mitleidige lächeln
als ich ihr
mein neustes buch überreichte
wird mir noch lange
in erinnerung bleiben

geistesblitz

seitdem mein gehirn
ein flop geworden ist
lasse ich mir nicht mehr
ein x für ein u vormachen
dressiere ich meinen
computer nicht mehr
mit zuckerbrot und peitsche
drücke ich nicht mehr
beide augen zu
wenn mein leben
auf die lange bank
geschoben wird

der streik der wörter

nachdem ich mein
siebzehntes buch
vollendet hatte
sagten die wörter
zu mir
wir machen
nicht mehr mit

da musste ich mein
achtzehntes
ohne sie vollenden

es hatte nur noch
leere seiten
und am ende
das bild von einem
rhinozeros

sils maria

neulich in sils maria
sah ich plötzlich von weitem
friedrich nietzsche
auf mich zukommen

wir hatten früher
oft miteinander diskutiert
so nahm ich an
dass er mich noch kenne
und gedachte ihn
freudig zu begrüßen

doch als er näher kam
bemerkte ich
dass er sehr krank war

da erinnerte ich mich
eines wortes
das er einmal zu mir
gesprochen hatte
mitleid ist eine sünde

deshalb tat ich
als hätte ich ihn nicht erkannt
und ging schweigend
an ihm vorüber

titanic

als ich gestern
auf meinem computer
an einem gedicht schrieb
tauchte plötzlich
eine taste in die tiefe
dann eine zweite
eine dritte

ich konnte sie sehen
am grunde des meeres
aber ich konnte sie nicht
heraufholen

die abdankung

nach dem selbstmord
des erfolglosen künstlers
erschienen die menschen
zu hauf
an der abdankung
und wollten wissen
warum er es
getan hatte

hätten sie ihm
vorher
ein bild abgekauft
hätte er es
nicht getan

der holzfäller

während der holzfäller
von ferdinand hodler
mit seiner axt
einen baum fällte
legte der holzfäller
der forstwirtschaft
mit seiner motorsäge
den ganzen wald um

darauf gingen sie zusammen
ins wirtshaus
und tranken ein bier

die leiter

da der alte mann
sich nicht begnügen wollte
mit den früchten
die ihm in den
schoß fielen
stieg er auf den
baum
fiel herunter und

brach sich das bein

spätherbst

gedämpftes sonnenlicht
hängt im geäst
die sperlinge bedrängen mich
auf meiner bank
sie hoffen dass
von meiner letzten mahlzeit
auch für sie
ein paar brosamen
abfallen

weihnachtsgeschäft

nachdem ich
mit meinen gedichten
keinen erfolg mehr hatte
ging ich unter die
weihnachtsbaumverkäufer

da fand ich
reißenden absatz
denn ich heftete
an die äste meiner
baumsprösslinge
nicht nur die hoffnung
auf die geburt des christkinds
sondern auch den glauben
an die gute alte zeit

ein hundeleben

dieses jahr feierte ich
weihnachten
mit meinem hund

er durfte seine
freundin einladen
aber die wollte
nicht kommen

zum trost schenkte ich ihm
einen knochen
den ich im museum für
paläontologie
entwendet hatte

er stammte von einem
dinosaurier
und war mehrere millionen
jahre alt

mein hund bellte
vor entzücken
und sprang den ganzen abend
um den weihnachtsbaum
herum

steigerung

die nahrung immer
schlechter
die luft immer
verschmutzter
die verbrechen immer
grausamer
die katastrophen immer
häufiger
das leben immer
schwieriger

die menschen immer
älter

jahresende

obschon die
katastrophenapostel
unentwegt
den weltuntergang
verkündet hatten
sind wir noch einmal
davongekommen
lecken emsig
unsere wunden
und bergen die leichen
aus den trümmern
unserer luftschlösser

letzter versuch

den kleinen unterschied
in der mitte
bitte nicht beachten
der staat übernimmt die haftung
für alle verkehrsunfälle

du solltest die dissonanzen
nicht unter den teppich kehren
versuch es doch
versuch es doch
noch einmal von vorn

am meer

als ich bei stürmischem wetter
der brandung entlang ging
und eine flutwelle
mich wegspülte
und ich mich im letzten moment
von ihr befreien konnte
stieg ich
aus dankbarkeit
zum heiligtum
der jungfrau maria
auf dem felsen
und betete zum gott
poseidon

der countdown läuft

früher dachte ich
wenn doch mein körper
mir noch ein paar jahre
vergönnen würde

heute denke ich
wenn doch mein körper
mir bald
einen schmerzlosen tod
bescheren würde

wandrers nachtlied

in wandrers nachtlied
von goethe
reimt sich
die vögelein schweigen im walde
auf warte nur balde
und spürest du kaum einen hauch
auf ruhest du auch

ungewissheit

gestern erschreckte mich
das telefon
als ich schlief

bevor ich den
hörer abnahm
musste ich mir
überlegen
wo ich mich befände
im himmel
oder auf erden

da ich dies
nicht klären konnte
entschied ich mich
für den himmel
und drückte auf
meinem apparat
die taste

fin de la communication

hörst du mich

als sie gestorben war
telefonierte sie mir
aus einer anderen welt

ihre stimme klang hart
und metallisch
ich wollte sie fragen
was geschehen sei
dass sich ihre stimme
so sehr verändert habe
aber ich wagte es nicht

als ich einen moment lang
schwieg
fragte sie plötzlich

hörst du mich

ich sagte
ja ich höre dich
sprich ruhig weiter
aber sie fragte immer nur
hörst du mich
hörst du mich

dann wurde die verbindung
unterbrochen

alptraum

in der nacht
erschien mir ein mann
der mir die decke
vom bett
wegziehen wollte

ich schrie was ich konnte
ich hielt die decke
fest
bis ich nicht mehr konnte

und erwachte

der tränenschleier

meine sicht
ist nicht schlechter geworden
meine sicht
ist anders geworden
seitdem ich die welt
nur noch durch den
tränenschleier
betrachten kann

die erlaubnis

als gestern mein herz
aus gründen die mir
nicht bekannt waren
sehr schnell
zu schlagen begann
sagte ich zu ihm

wenn es dir einmal
zu viel werden sollte
für mich zu schlagen
kannst du auch
aufhören

darauf schlug es
wieder normal

das verlorene ich

nachdem er sich
eine künstliche lunge
ein künstliches herz
und einen künstlichen
darmausgang
hatte einsetzen lassen
wurde er sehr vergesslich

da dachte er
dass er sich auch
ein künstliches gehirn
könnte einpflanzen lassen

als er dies getan hatte
war er nicht mehr
sich selbst
und alles was er
seiner selbst wegen
erduldet hatte
war umsonst gewesen

der strohhalm

in seiner not
griff der ertrinkende
nach einem strohhalm
und fragte ihn
kannst du mich retten

ja
antwortete der strohhalm
ich kann dich retten
aber du musst dich ganz fest
an mich klammern

also klammerte er sich
ganz fest an ihn

da kam eine welle
und riss sie beide weg
den ertrinkenden
und den strohhalm

ende mit schrecken

als das nikotin
seine lunge
zerstört hatte
lungerte er weiter

als der alkohol
seine leber
zerstört hatte
leberte er weiter

als die hepatitis b
seine nieren
zerstört hatte
nierte er
nicht mehr lange
da hörte sein körper auf
zu lebern und zu
lungern

beim arzt

vor die entscheidung gestellt
ob ich jetzt sterben will
oder später
entscheide ich mich
für das jetzt

aber es wäre mir lieber
wenn mir diese entscheidung
erspart bliebe

zwiegespräch

gestern nacht
als ich nicht schlafen konnte
und der schmerz mich
von einer seite
auf die andere
wälzen hieß
erschien plötzlich
ein schwarzer mann
in meinem zimmer

er teilte mir mit
dass ich den morgen
nicht mehr erleben würde

ich sagte nur
umso besser

darauf verzog er
sein gesicht
zu einer enttäuschten miene
und verschwand

der vorbote

bevor der tod kam
schickte er den hahn voraus
der setzte sich auf die
gemeinschaftsantenne
unseres daches
und krähte laut

da schlich ich mich
aus dem hause
wie ein dieb in der nacht

nächtlicher gang

ich ging nachts
durch eine einsame straße
jemand verfolgte mich beharrlich
wenn ich stehen blieb
blieb auch er stehen
wenn ich weiter ging
ging auch er weiter

am ende kam er immer näher
an mich heran
er fasste mich von hinten
am kragen
er würgte mich am hals

ich erwachte
schweißgebadet

krankheit

die angst vor der nacht
die nicht enden will

die angst vor dem traum
der keinen ausweg hat

die angst vor dem abschied
bei dem du dein ganzes leben

zurücklassen musst

das versprechen

ich fragte mein gehirn
vor dem einschlafen
welchen traum es mir
in dieser nacht
bescheren werde

es sagte mir
den traum
in dem du ein baum bist
und dir alle blätter
davonfliegen
du hast nichts
womit du sie
zurückhalten könntest
und am ende wirst du
ganz kahl sein

platons höhlengleichnis

im traum war ich letzthin
in einem unterirdischen
gewölbe gefesselt
hinter mir flackerte
ein feuer
vor mir trug man
irgendwelche gegenstände
vorbei
deren schatten sich
auf die wand
projizierten

als ich von meinen
fesseln befreit wurde
irrte ich noch lange
im unterirdischen
gewölbe umher
aber ich fand den
ausgang nicht

nirgendwohin

wir wollten ihn zurückhalten
aber er sagte
ich habe genug getan
ich kann jetzt gehen

da fragten wir ihn
wohin gehst du

er antwortete
nirgendwohin
ich verlasse euch
und bleibe da
ich gehe weg
und bin in eurem gedächtnis
aufgehoben

auf der intensivstation

es musste mir etwas passiert sein
so schlimm
dass ich nur noch den wunsch hatte
zu sterben

ohne mich zu fragen
fuhren sie mich
mit blaulicht ins spital
um meiner leidenszeit
ein paar qualvolle stunden
hinzuzufügen

obschon mein bewusstsein
schon fast erloschen war
nahm ich die hektik
der weißen gestalten
in meiner umgebung
wahr
wie das krabbeln von ameisen
auf meinem körper

ich sagte zu ihnen
ich hätte mich lieber
auf die spitze des mount everest
transportieren lassen
als in dieses spital

aber sie sagten zu mir
da sei für mich
kein platz mehr
gewesen

an der himmelspforte

als ich an der
himmelspforte stand
fragte ich den petrus
ob ich nicht
etwas mitnehmen dürfe

ich weiß
sagte ich zu ihm
ich darf keine
materiellen güter mitnehmen
aber vielleicht gestattest du mir
ein geistiges

er lächelte
strich sich über den bart
und sagte

doch
ein geistiges gut
gestatte ich dir
ein einziges wort nur
sonst nichts

verwirrt durch seine antwort
wiederholte ich nur
das wörtchen

nichts

er aber nickte
und ließ mich hinein

letzter gedanke

kurz bevor ich gehen muss
werde ich an alle denken
die vor mir gegangen sind
an platon und sokrates
an christus und pilatus
an goethe und schiller
an heidegger und hanna arendt
an meine eltern anna und otto
an alle die mich
ein bisschen geliebt haben
und an meine katze miau

Ebenfalls bei Books on Demand GmbH, Norderstedt, sind erschienen:

Mühlethaler, Hans:
Der leere Sockel, Roman, 2000/2009
ISBN 978-3-8311-0398-0, PB. 236 S., € 14.83

Mühlethaler, Hans:
Das Bewusstsein – Ursache und Überwindung der Todesangst, Essay, 2006
ISBN 3-8334-4914-4, PB, 188 S., € 13.20

Mühlethaler, Hans:
An der Grenze, Theaterstück, 2007
ISBN 978-3-8334-6570-3, PB, 72 S., € 4.70

Mühlethaler, Hans:
Frühe Gedichte und Prosatexte, 2008
ISBN 978-3-8334-9165-8, PB, 128 S., € 9.40

Mühlethaler, Hans
Sternzeichen Krebs, Gedichte, 2009
ISBN 978-3-8370-8853-3, PB, 89 S., € 8.80

Mühlethaler, Hans
Evolution und Sterblichkeit, 2010
ISBN 978-3-8391-3355-2, PB, 212 S., € 15.70